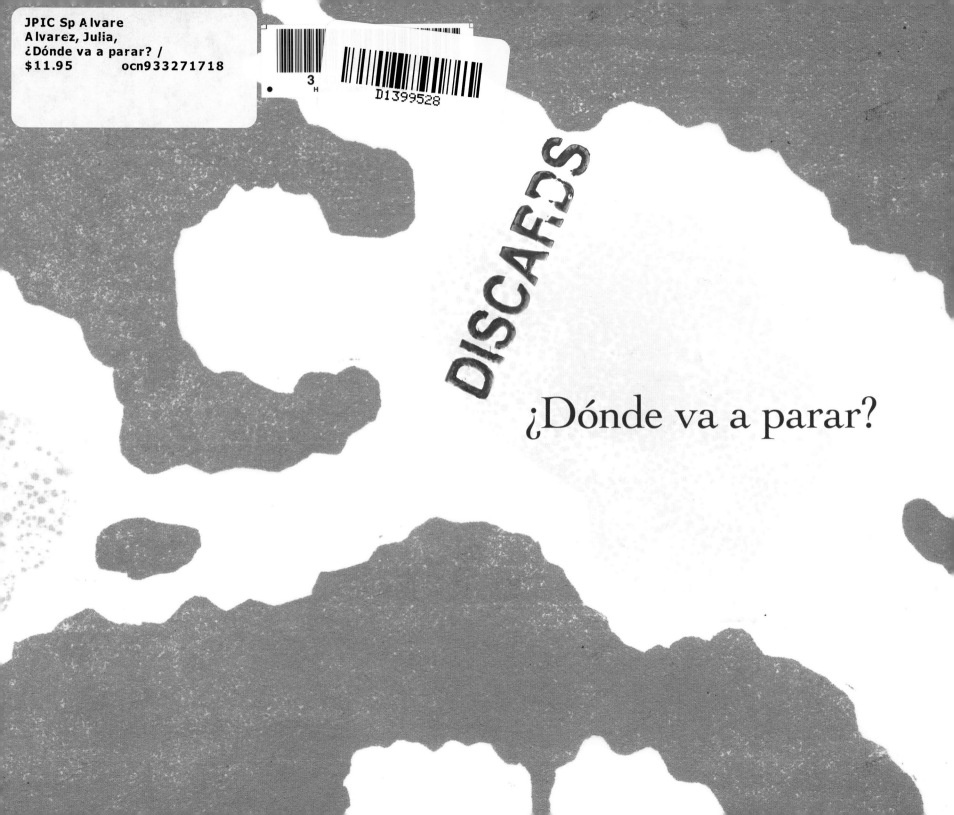

¿Dónde va a parar?

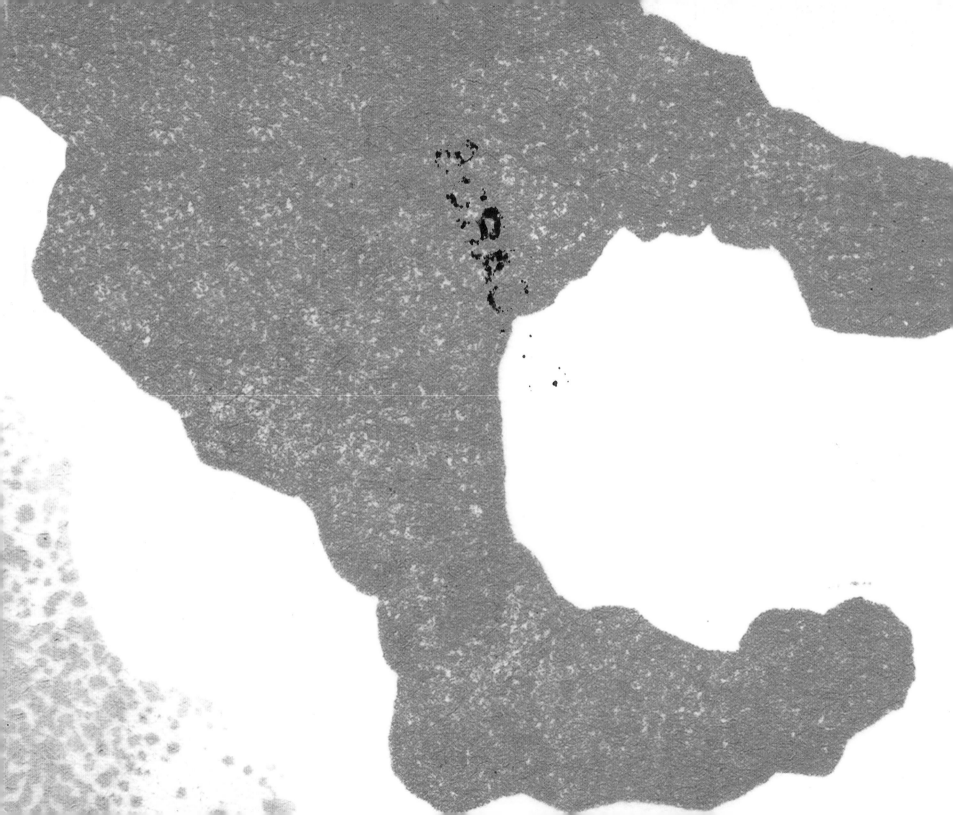

¿Dónde va a parar?

JULIA ALVAREZ

ilustrado por
SABRA FIELD

traducido por
RHINA P. ESPAILLAT

SEVEN STORIES

TRIANGLE SQUARE
books for young readers

NEW YORK • OAKLAND

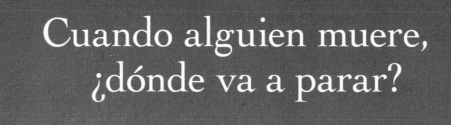

Cuando alguien muere,
¿dónde va a parar?

¿A quién le pregunto?
¿Quién sabrá contestar?

¿Será con el viento
cuando le da con soplar?

¿Son las lágrimas del cielo?
¿O la lluvia de mis ojos?

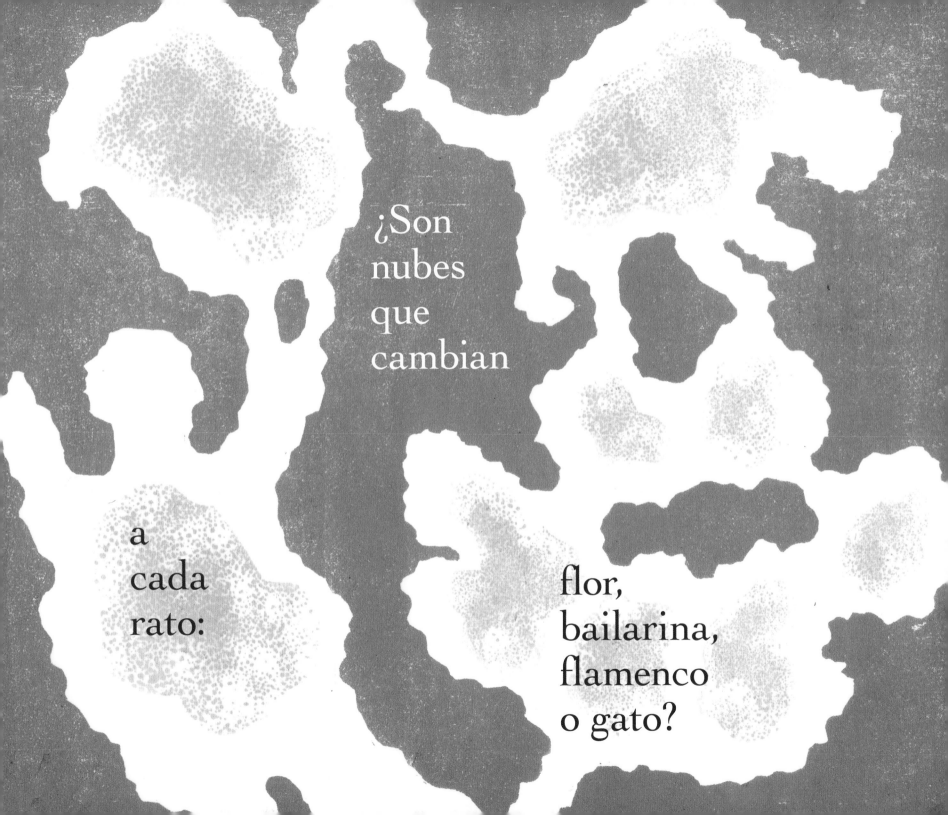

¿Son
nubes
que
cambian

a
cada
rato:

flor,
bailarina,
flamenco
o gato?

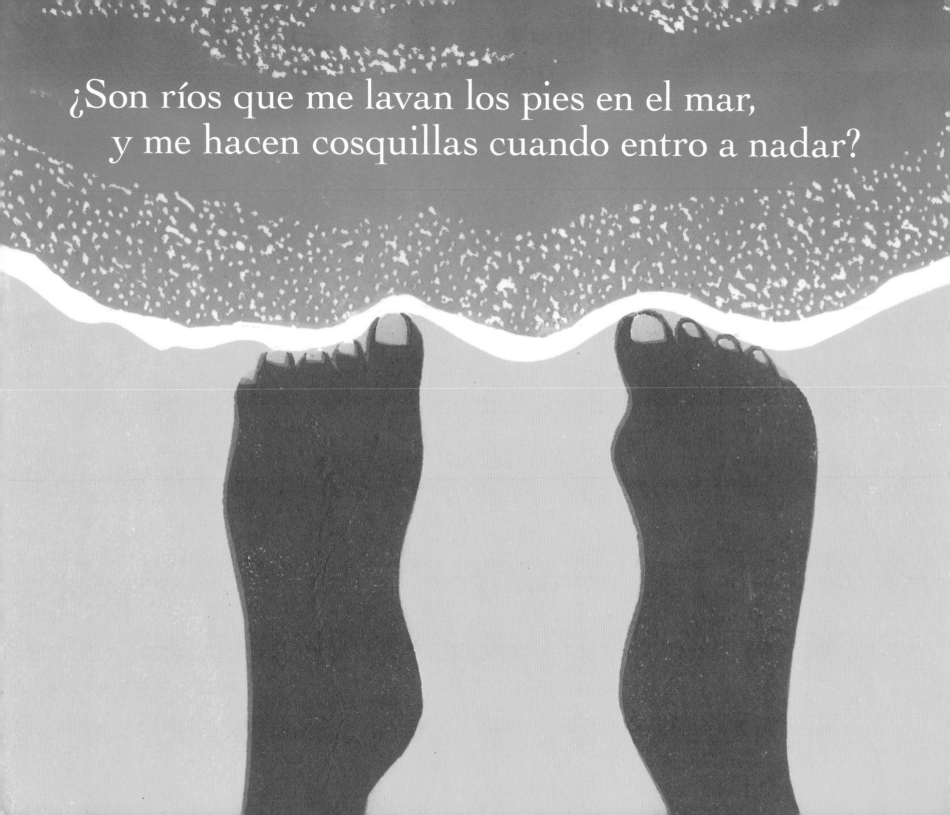

¿Son ríos que me lavan los pies en el mar,
y me hacen cosquillas cuando entro a nadar?

¿Se apilan como la nieve?
¿Tienen frío? ¿Sienten pena?

¿Son copos sobre la lengua?
¿La calma después del canto?

¿Me hacen guiños—
como estrellas
cuando les pido un favor—

parpadeando: "Eres perfecta,
no hay que ser
algo mejor"?

¿Me oyen, dicen que sí?
¿Harán lo que les pedí?

¿Brotan alas al morir? ¿Van lejos?
¿O se quedan conmigo aquí?

¿Contestan? ¿Me dan la mano?
¿Me calman, si no comprendo?